Impressum
Verlag: BABADADA GmbH, Nedderfeld 112 , 22529 Hamburg
Geschäftsführer / Verlagsleitung: Harald Hof
Druck: Books on Demand GmbH, In de Tarpen 42, 22848 Norderstedt

Imprint
Publisher: BABADADA GmbH, Nedderfeld 112 , 22529 Hamburg, Germany
Managing Director / Publishing direction: Harald Hof
Print: Books on Demand GmbH, In de Tarpen 42, 22848 Norderstedt

colegio
škola

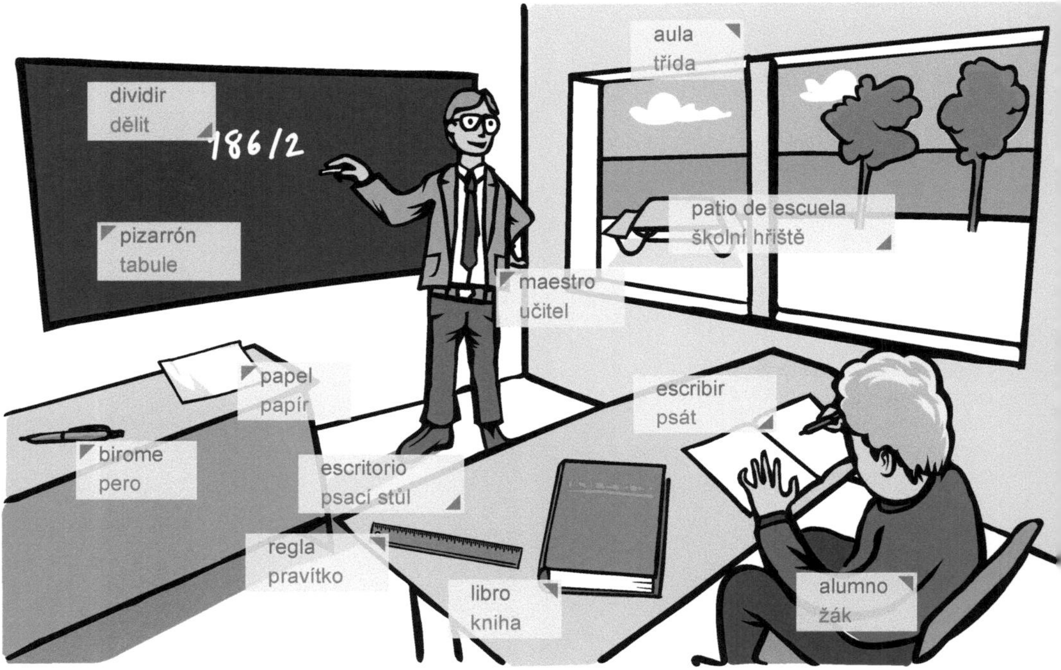
aula
třída
dividir
dělit
186/2
pizarrón
tabule
patio de escuela
školní hřiště
maestro
učitel
papel
papír
escribir
psát
birome
pero
escritorio
psací stůl
regla
pravítko
libro
kniha
alumno
žák

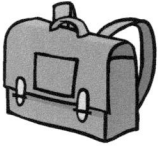

mochila

aktovka

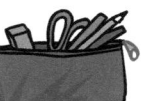

caja de lápices

penál

lápiz

tužka

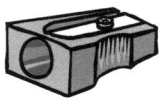

sacapuntas

ořezávátko

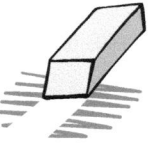

goma (de borrar)

guma

bloc de dibujo

blok na kreslení

dibujo

výkres

pincel

štětec

caja de pinturas

malířské potřeby

tijera

nůžky

pegamento

lepidlo

cuaderno de ejercicios

cvičebnice

tarea

domácí úkol

número

počet

sumar

sčítat

restar

odčítat

multiplicar

násobit

calcular

počítat

letra

písmeno

abecedario

abeceda

palabra

slovo

texto

text

leer

číst

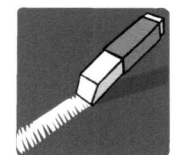

tiza

křída

lección

hodina

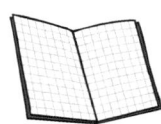

cuaderno de clase

třídní kniha

examen

zkouška

certificado

vysvědčení

uniforme escolar

školní uniforma

educación

vzdělání

enciclopedia

encyklopedie

universidad

univerzita

microscopio

mikroskop

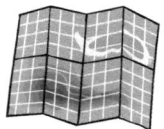

mapa

karta

tacho (de basura)

odpadkový koš na papír

hotel
hotel

hostel
ubytovna

ROOMS

Grand

casa de cambio
směnárna

EXCHANGE

valija
kufr

auto
auto

idioma
jazyk

sí / no
ano / ne

Está bien
oukej

hola
Ahoj!

traductor
překladatel

Gracias
děkuji

¿cuánto cuesta...?

Kolik stojí...?

No entiendo

nerozumím

problema

problém

¡Buenas tardes!

Dobrý večer!

¡Buenos días!

Dobré ráno!

¡Buenas noches!

Dobrou noc!

adiós

na shledanou

dirección

směr

equipaje

zavazadlo

bolso

taška

mochila

batoh

invitado

host

habitación

pokoj

bolsa de dormir

spací pytel

carpa

stan

información turística

turistické informace

playa

pláž

tarjeta de crédito

kreditní karta

desayuno

snídaně

almuerzo

oběd

cena

večeře

pasaje

jízdenka

ascensor

výtah

sello

poštovní známka

frontera

hranice

aduana

clo

embajada

poselství

visa

vízum

pasaporte

pas

transporte
transport

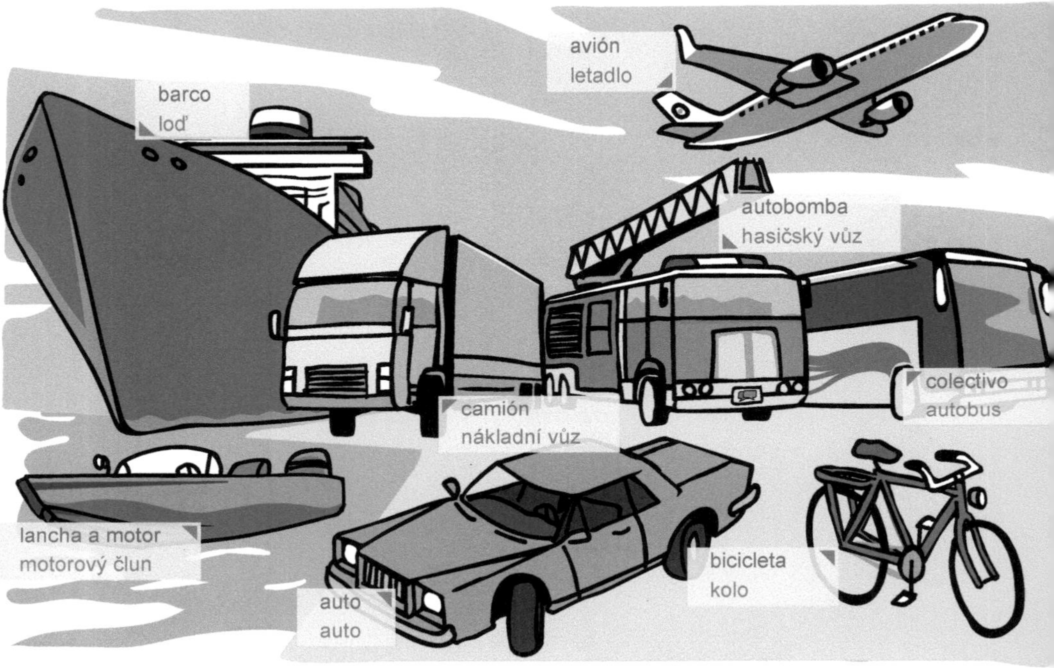
avión
letadlo
barco
loď
autobomba
hasičský vůz
colectivo
autobus
camión
nákladní vůz
lancha a motor
motorový člun
bicicleta
kolo
auto
auto

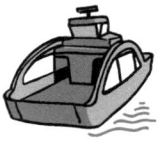

ferry
přívoz

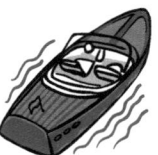

bote
člun

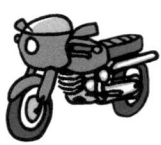

moto
motorka

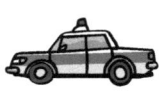

patrullero
policejní auto

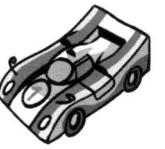

auto de carreras
závodní auto

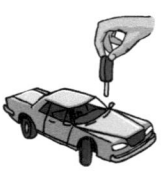

auto de alquiler
pronajaté auto

alquiler de autos
sdílení aut

grúa
odtahová služba

camión de basura
popelářský vůz

motor
motor

nafta
palivo

estación de servicio
čerpací stanice

señal de tránsito
dopravní značka

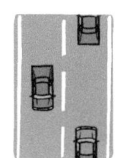

tránsito
doprava

embotellamiento
dopravní zácpa

estacionamiento
parkoviště

estación de tren
vlakové nádraží

vías
koleje

tren
vlak

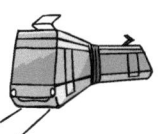

tranvía
tramvaj

vagón
vagón

helicóptero
helikoptéra

aeropuerto
letiště

torre
věž

pasajero
pasažér

contenedor
kontejner

caja de cartón
kartón

carretilla
trakař

canasta
koš

despegar / aterrizar
vzlétnout / přistát

ciudad

město

pueblo
vesnice

centro de ciudad
střed města

casa
dům

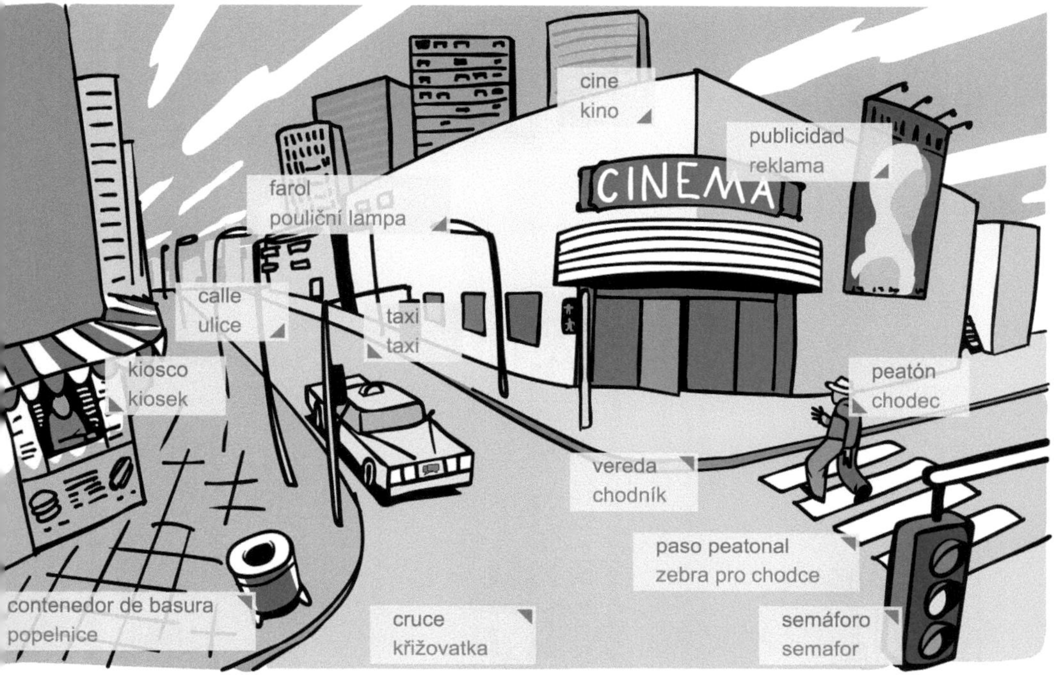

cine
kino

publicidad
reklama

farol
pouliční lampa

calle
ulice

taxi
taxi

kiosco
kiosek

peatón
chodec

vereda
chodník

paso peatonal
zebra pro chodce

contenedor de basura
popelnice

cruce
křižovatka

semáforo
semafor

cabaña
chata

departamento
byt

estación de tren
vlakové nádraží

municipalidad
radnice

museo
muzeum

colegio
škola

ciudad - město

universidad

univerzita

banco

banka

hospital

nemocnice

hotel

hotel

farmacia

lékárna

oficina

kancelář

librería

knihkupectví

negocio

obchod

florería

květinářství

supermercado

supermarket

mercado

tržnice

grandes tiendas

obchodní dům

pescadería

rybárna

centro comercial

nákupní centrum

puerto

přístav

parque

park

banco

lavička

puente

most

escaleras

schody

subte

metro

túnel

tunel

parada del colectivo

autobusová zastávka

bar

bar

restaurante

restaurace

buzón

poštovní schránka

letrero

pouliční tabule

parquímetro

parkovací hodiny

zoológico

zoo

pileta

plovárna

mezquita

mešita

granja

usedlost

contaminación

znečišťování životního prostředí

cementerio

hřbitov

iglesia

církev

juegos infantiles

hřiště

templo

chrám

paisaje
krajina

hoja
list

poste indicador
rozcestník

camino
cesta

pradera
louka

piedra
kámen

árbol
strom

excursionista
turista

río
řeka

hierba
tráva

flor
květina

valle
údolí

montaña
hora

lago
jezero

bosque
les

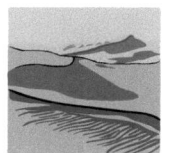

desierto
poušť

volcán
sopka

castillo
zámek

arco iris
duha

champiñón
houba

palmera
palma

mosquito
komár

mosca
moucha

hormiga
mravenec

abeja
včela

araña
pavouk

escarabajo

brouk

rana

žába

ardilla

veverka

erizo

ježek

liebre

zajíc

lechuza

sova

pájaro

pták

cisne

labuť

jabalí

divoké prase

ciervo

jelen

alce

los

presa

přehrada

aerogenerador

větrné kolo

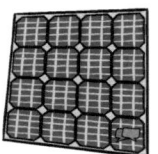

panel solar

solární panel

clima

podnebí

restaurante
restaurace

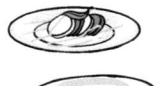

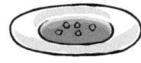

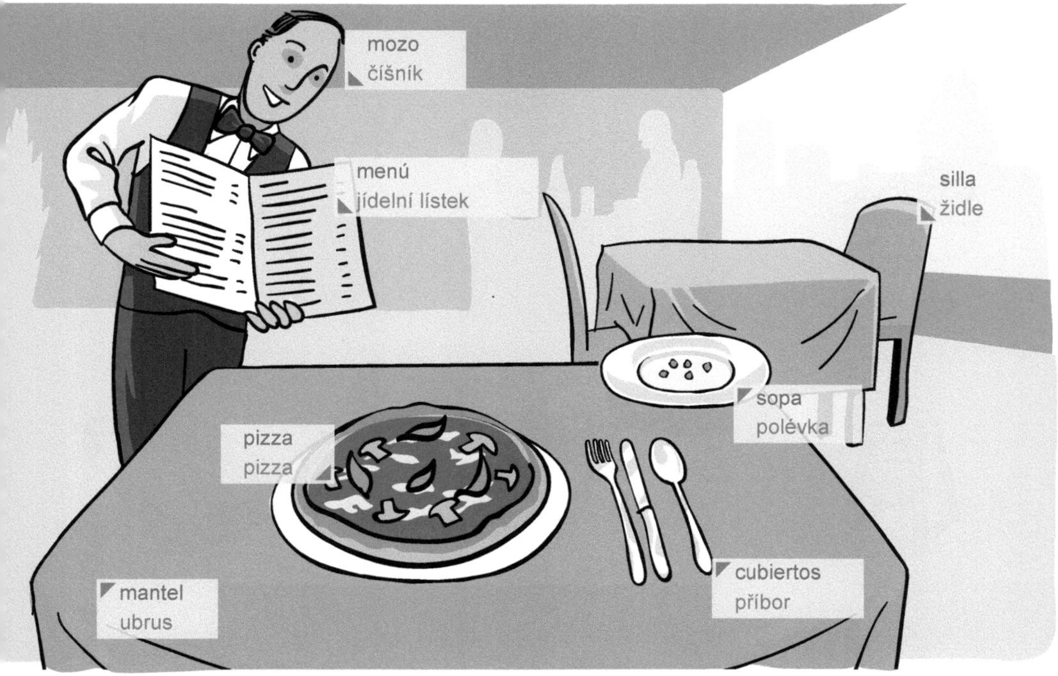
mozo
číšník
menú
jídelní lístek
silla
židle
sopa
polévka
pizza
pizza
cubiertos
příbor
mantel
ubrus

entrada
předkrm

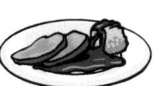

plato principal
hlavní chod

postre
dezert

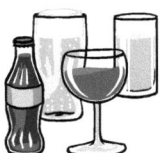

bebidas
nápoje

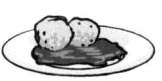

comida
jídlo

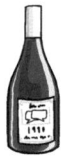

botella
láhev

comida rápida

rychlé občerstvení

comida callejera

pouliční občerstvení

tetera

čajová konvice

azucarera

cukřenka

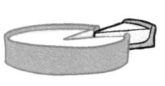

porción

porce

cafetera expreso

kávovar na espresso

sillita alta

dětská stolička

cuenta

faktura

bandeja

tác

cuchillo

nůž

tenedor

vidlička

cuchara

lžíce

cucharita

čajová lyžička

servilleta

ubrousek

vaso

sklenička

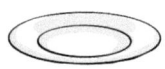

plato

talíř

plato hondo

talíř na polévku

plato

podšálek

salsa

omáčka

salero

slánka

molinillo de pimienta

mlýnek na pepř

vinagre

ocet

aceite

olej

especias

koření

kétchup

kečup

mostaza

hořčice

mayonesa

majonéza

supermercado
supermarket

oferta especial
nabídka
FOR
cliente
zákazník
lácteos
mléčné výrobky
fruta
ovoce
changuito
nákupní vozík

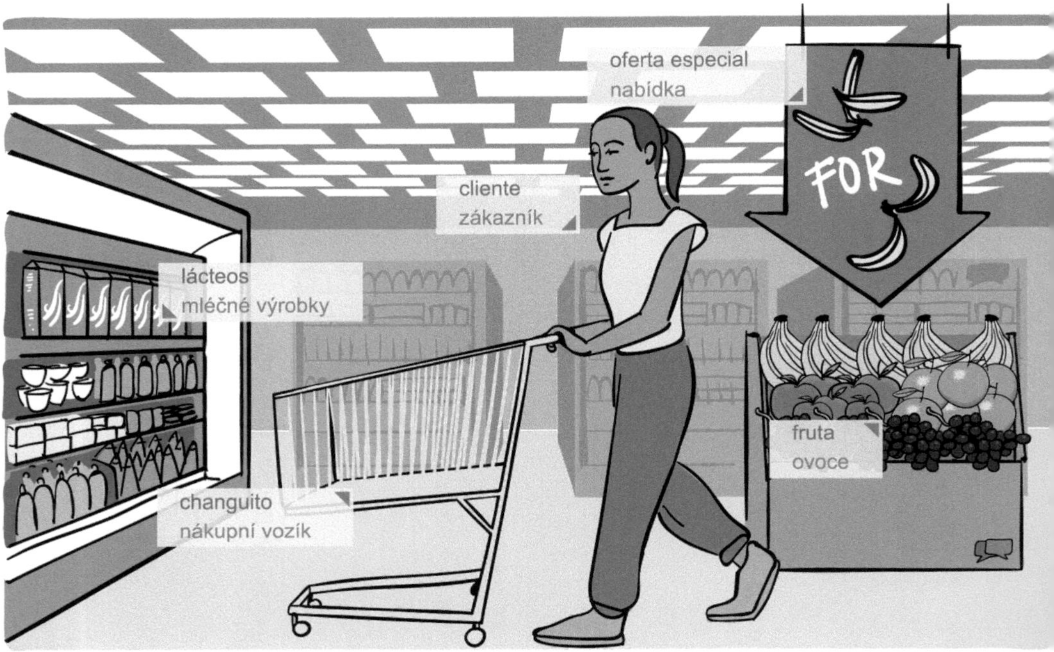

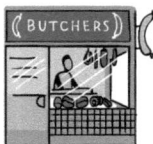

BUTCHERS

carnicería
masna

BAKERY

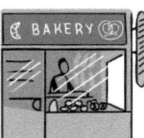

panadería
pekařství

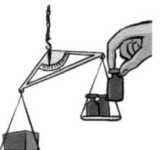

pesar
vážit

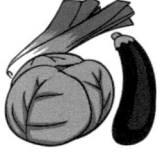

verduras
zelenina

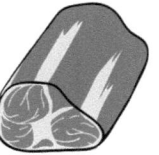

carne
maso

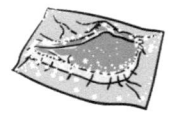

alimentos congelados
mražené potraviny

fiambres

obložený talíř

alimentos enlatados

konzervy

detergente en polvo

prací prášek

golosinas

cukrovinky

electrodomésticos

výrobky pro domácnost

productos de limpieza

čisticí prostředek

vendedora

prodavačka

caja

pokladna

cajero

pokladní

lista de compras

nákupní seznam

horario de atención

otevírací doba

billetera

peněženka

tarjeta de crédito

kreditní karta

cartera

taška

bolsa de plástico

igelitová taška

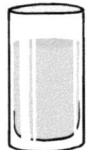

agua

voda

jugo

džus

leche

mléko

bebida cola

kola

vino

víno

cerveza

pivo

alcohol

alkohol

cacao

kakao

té

čaj

café

káva

café expreso

espresso

cappuccino

kapučíno

banana

banán

manzana

jablko

naranja

pomeranč

melón

meloun

limón

citrón

zanahoria

mrkev

ajo

česnek

bambú

bambus

cebolla

cibule

champiñón

houba

nueces

ořechy

fideos

těstoviny

tallarines

špageti

arroz

rýže

ensalada

salát

papas fritas

hranolky

papas fritas

americké brambory

pizza

pizza

hamburguesa

hamburger

sándwich

sendvič

churrasco

řízek

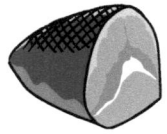

jamón

šunka

salame

salám

salchicha

salám

pollo

kuře

asado

pečeně

pescado

ryby

copos de avena
ovesné vločky

muesli
müsli

copos de maíz
vločky

harina
mouka

medialuna
croissant

pancito
houska

pan
chléb

tostada
toast

galletitas
sušenky

manteca
máslo

cuajada
tvaroh

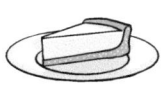

torta
buchta

huevo
vejce

huevo frito
volské oko

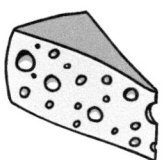

queso
sýr

helado

zmrzlina

azúcar

cukr

miel

med

mermelada

marmeláda

pasta de chocolate

nugátový krém

curry

kari

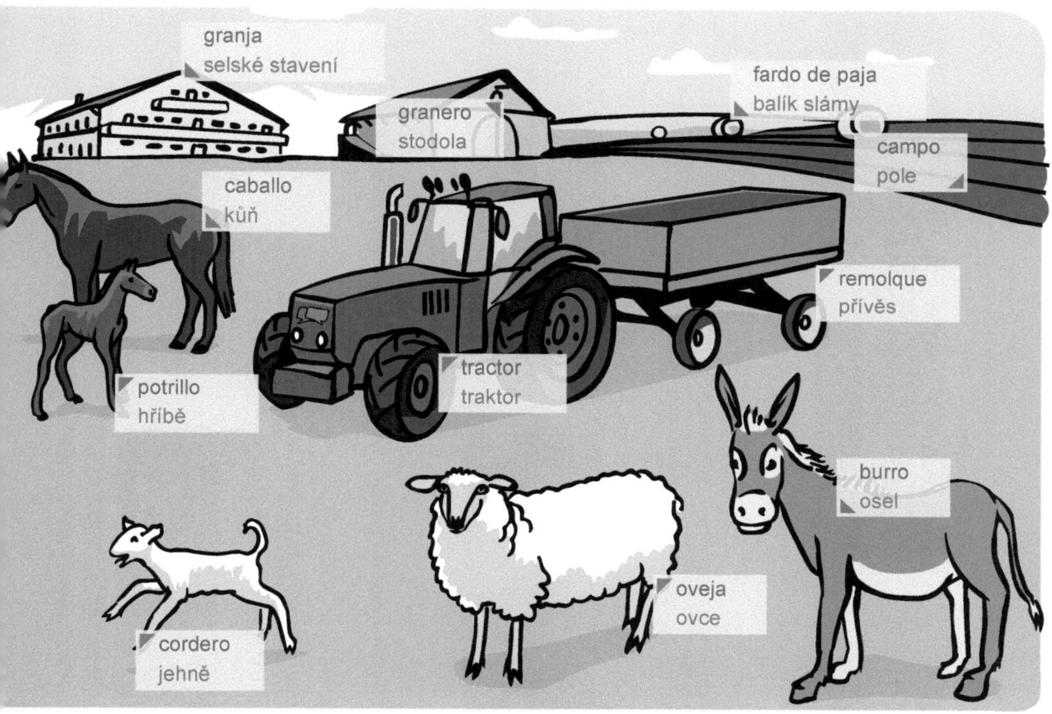

granja
selské stavení

granero
stodola

fardo de paja
balík slámy

campo
pole

caballo
kůň

remolque
přívěs

potrillo
hříbě

tractor
traktor

burro
osel

cordero
jehně

oveja
ovce

cabra
koza

vaca
kráva

ternero
tele

cerdo
prase

lechón
sele

toro
býk

ganso
husa

pato
kachna

pollo
kuře

gallina
slepice

gallo
kohout

rata
krysa

gato
kočka

ratón
myš

buey
vůl

perro
pes

cucha
psí bouda

manguera
zahradní hadice

regadera
kropicí konev

guadaña
kosa

arado
pluh

hoz

srp

azada

motyka

horquilla

vidle

hacha

sekera

carretilla

kolecko

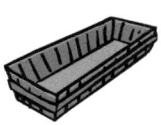

abrevadero

koryto

lechera

konev na mléko

bolsa

pytel

reja

plot

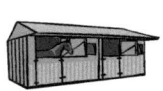

establo

stáj

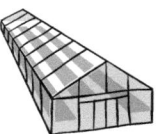

invernadero

skleník

suelo

půda

semilla

osivo

fertilizador

hnojivo

cosechadora

kombajn

cosechar

sklidit

cosecha

sklizeň

batatas

smldinec

trigo

pšenice

soja

sója

papa

brambora

maíz

kukuřice

semilla de colza

řepka

árbol frutal

ovocný strom

mandioca

maniok

cereales

obilí

casa
dům

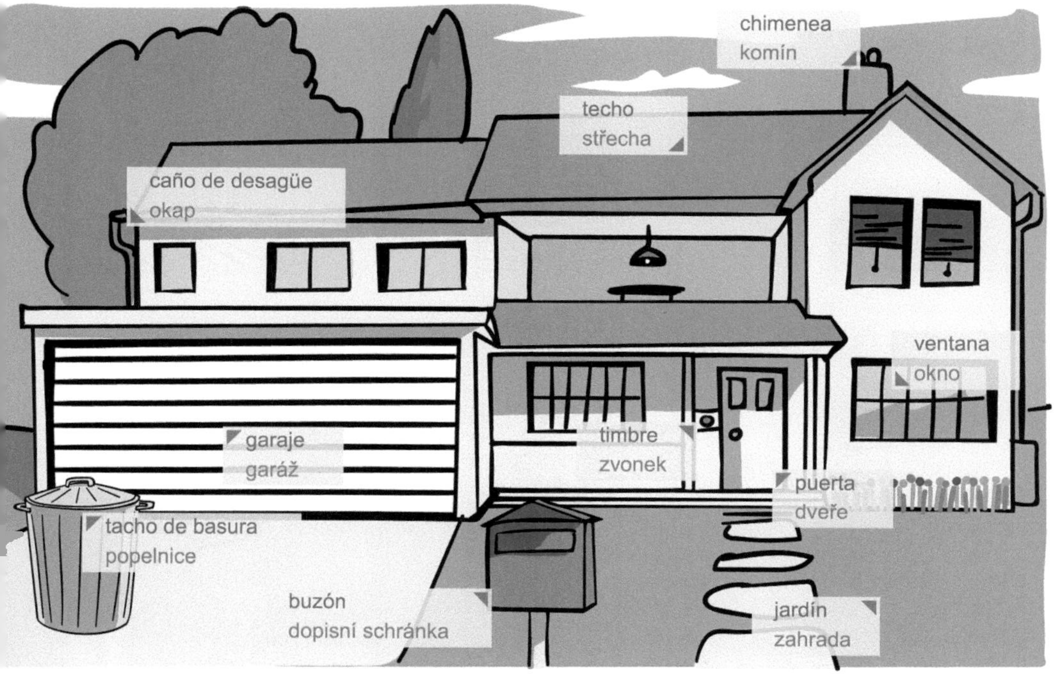

chimenea
komín
techo
střecha
caño de desagüe
okap
ventana
okno
garaje
garáž
timbre
zvonek
puerta
dveře
tacho de basura
popelnice
buzón
dopisní schránka
jardín
zahrada

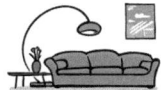

living

obývací pokoj

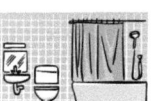

baño

koupelna

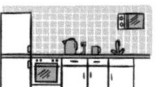

cocina

kuchyně

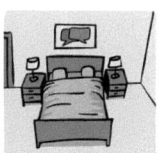

dormitorio

ložnice

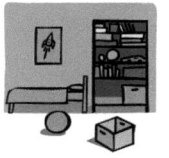

cuarto de los chicos

dětský pokoj

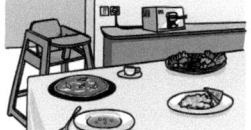

comedor

jídelna

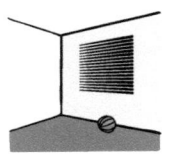

piso

podlaha

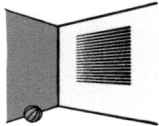

pared

zeď

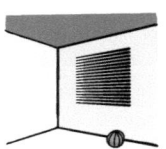

cielorraso

deka

sótano

sklep

sauna

sauna

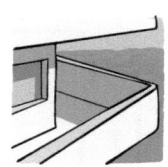

balcón

balkón

terraza

terasa

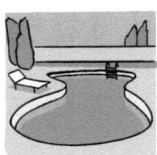

pileta

bazén

cortadora de pasto

sekačka na trávu

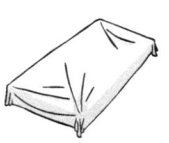

sábana

ložní prádlo

acolchado

lůžková přikrývka

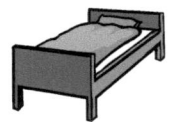

cama

postel

escoba

smeták

balde

kýbl

interruptor

vypínač

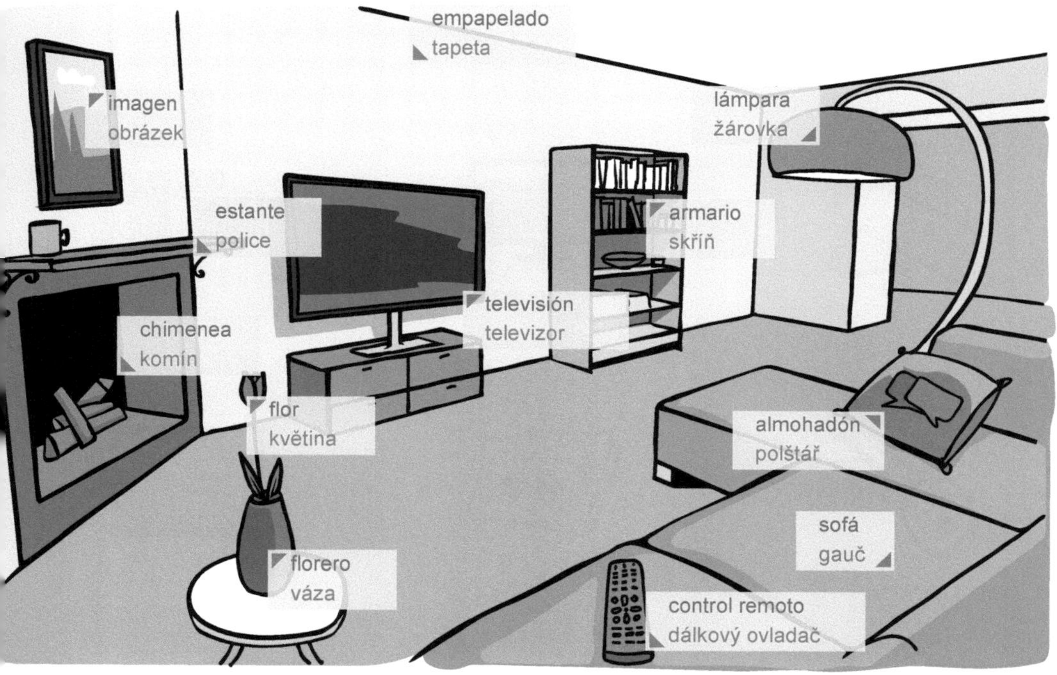

empapelado
tapeta

imagen
obrázek

lámpara
žárovka

estante
police

armario
skříň

chimenea
komín

televisión
televizor

flor
květina

almohadón
polštář

florero
váza

sofá
gauč

control remoto
dálkový ovladač

alfombra
koberec

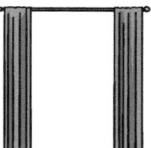

cortina
závěs

mesa
stůl

silla
židle

mecedora
houpací křeslo

sillón
křeslo

libro

kniha

frazada

strop

decoración

ozdoba

leña

palivové dříví

película

film

equipo de música

stereo souprava

llave

klíč

diario

noviny

pintura

malba

póster

plakát

radio

rádio

cuaderno

poznámkový blok

aspiradora

vysavač

cactus

kaktus

vela

svíce

cocina
kuchyně

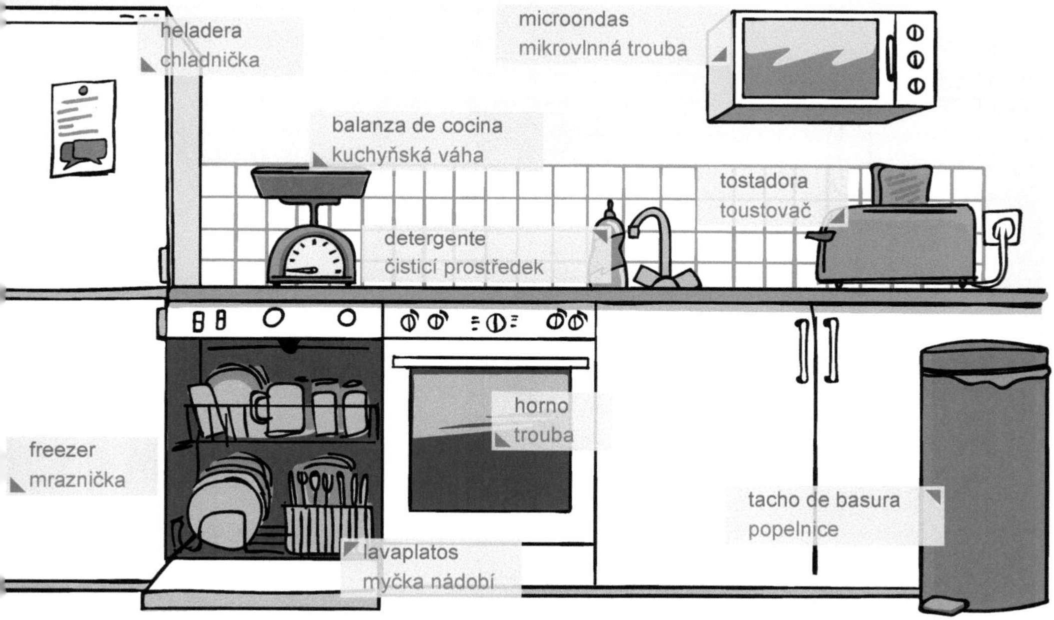

heladera
chladnička
microondas
mikrovlnná trouba
balanza de cocina
kuchyňská váha
tostadora
toustovač
detergente
čisticí prostředek
horno
trouba
freezer
mraznička
tacho de basura
popelnice
lavaplatos
myčka nádobí

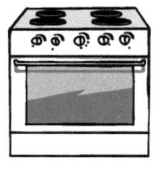

cocina

sporák

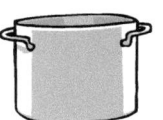

olla

hrnec

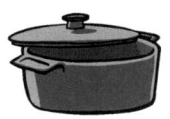

olla de hierro fundido

litinový hrnec

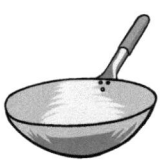

wok

wok / kadai

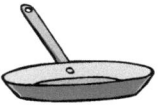

sartén

pánev

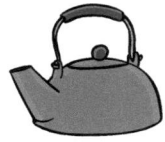

pava

varná konvice

vaporera

parní hrnec

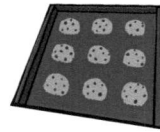

bandeja de horno

plech na pečení

vajilla

nádobí

taza

hrnek

bol

miska

palitos

jídelní hůlky

cucharón

naběračka

estpátula

obracečka

batidora

metla

colador

síto

colador

cedník

rallador

struhadlo

mortero

hmoždíř

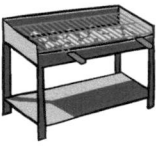

parrilla

gril

fogata

ohniště

tabla de picar

prkénko na krájení

palo de amasar

váleček na těsto

sacacorchos

vývrtka

lata

dóza

abrelatas

otvírák na konzervy

manopla

chňapka

pileta

umyvadlo

cepillo

kartáč na nádobí

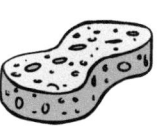

esponja

houba

batidora

mixér

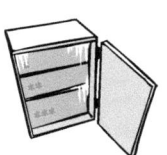

congelador

mrazák

mamadera

dětská lahev

canilla

kohoutek

baño
koupelna

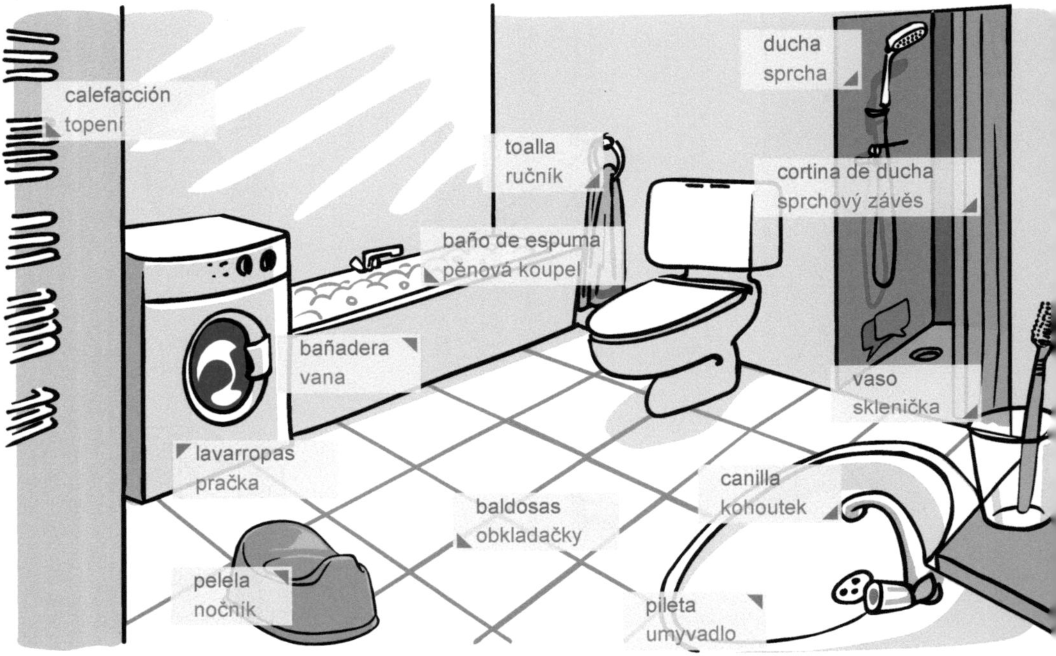

calefacción
topení
ducha
sprcha
toalla
ručník
cortina de ducha
sprchový závěs
baño de espuma
pěnová koupel
bañadera
vana
vaso
sklenička
lavarropas
pračka
canilla
kohoutek
baldosas
obkladačky
pelela
nočník
pileta
umyvadlo

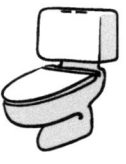

inodoro

záchod

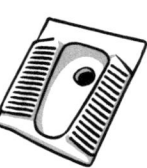

letrina

turecký záchod

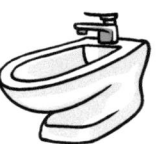

bidé

bidet

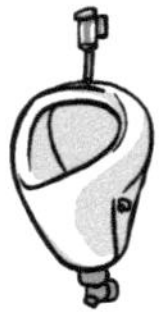

mingitorio

pisoár

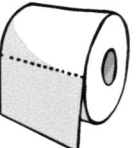

papel higiénico

toaletní papír

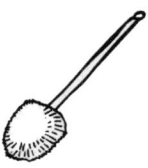

cepillo para el inodoro

záchodová štětka

cepillo de dientes

zubní kartáček

dentífrico

zubní pasta

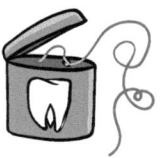

hilo dental

zubní niť

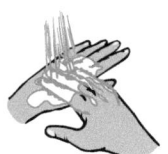

lavar

mýt

ducha de mano

ruční sprcha

ducha higiénica

intimní sprcha

palangana

umyvadlo

cepillo para espalda

kartáč na záda

jabón

mýdlo

gel de ducha

sprchový gel

shampoo

šampón

toallita

žínka

desagüe

odpad

crema

krém

desodorante

deodorant

espejo

zrcadlo

espejito

kosmetické zrcátko

maquinita de afeitar

holicí strojek

espuma de afeitar

pěna na holení

aftershave

voda po holení

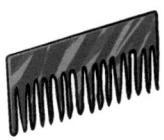

peine

hřeben

cepillo

kartáč

secador de pelo

fén

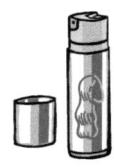

spray

lak na vlasy

maquillaje

makeup

lápiz de labios

rtěnka

esmalte para uñas

lak na nehty

algodón

vata

tijera para uñas

nůžky na nehty

perfume

parfém

portacosméticos

aška s toaletními potřebami

banqueta

stolička

balanza

váha

bata

župan

guantes de goma

gumové rukavice

tampón

tampón

toallita femenina

dámská vložka

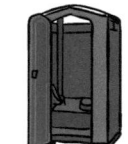

baño químico

chemická toaleta

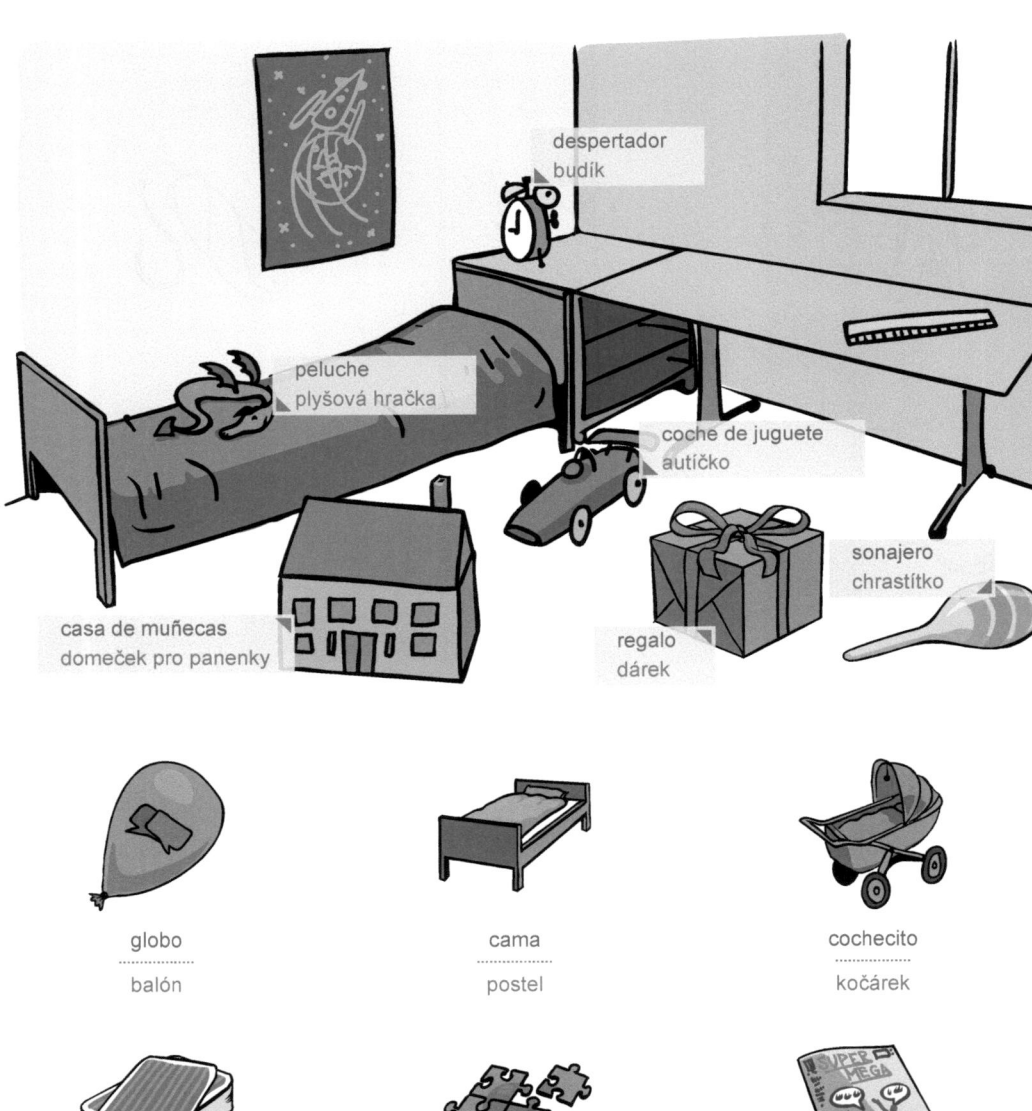

despertador
budík

peluche
plyšová hračka

coche de juguete
autíčko

casa de muñecas
domeček pro panenky

regalo
dárek

sonajero
chrastítko

globo
balón

cama
postel

cochecito
kočárek

cartas
balíček karet

rompecabezas
puzzle

historieta
komiks

piezas de lego

lego kostky

ladrillos de juguete

stavebnice

figura de acción

akční figurka

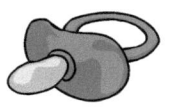

enterito (de bebé)

dupačky

frisbee

frisbee

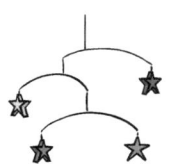

móvil para bebés

závěsné hračky nad postýlku

juego de mesa

desková hra

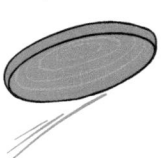

dados

kostky

tren eléctrico

modelová železnice

chupete

dudlík

fiesta

oslava

libro de cuentos ilustrado

obrázková kniha

pelota

míč

muñeca

panenka

jugar

hrát si

arenero
pískoviště

hamaca
houpačka

juguetes
hračky

consola de videojuegos
hrací konzole

triciclo
tříkolka

osito de peluche
medvídek

armario
šatník

ropa
oblečení

medias
ponožky

medias panty
punčochy

calzas
punčochové kalhoty

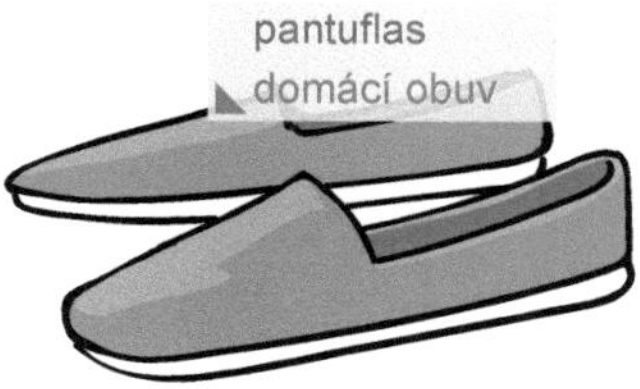

bufanda
šála

cinturón
pásek

paraguas
deštník

remera
tričko

botas
kozačky

pantuflas
domácí obuv

zapatillas
tenisky

sandalias

sandály

zapatos

obuv

botas de goma

holínky

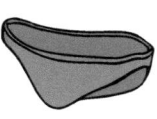

ropa interior

spodní prádlo

corpiño

podprsenka

chaleco

nátělník

body
body

pantalones
kalhoty

jeans
džíny

pollera
sukně

blusa
blůza

camisa
košile

pulóver
svetr

buzo
mikina

blazer
blejzr

campera
bunda

tapado
kabát

piloto
pláštěnka

traje
kostým

vestido
šaty

vestido de novia
svatební šaty

traje

oblek

camisón

noční košile

pijama

pyžamo

sari

sárí

pañuelo para cabeza

šátek na hlavu

turbante

turban

burka

burka

caftán

kaftan

abaya

abája

traje de baño

plavky

short de baño

pánské plavky

shorts

kraťasy

jogging

tepláková souprava

delantal

zástěra

guantes

rukavice

botón
knoflík

anteojos
brýle

pulsera
náramek

collar
náhrdelník

anillo
prsten

aro
náušnice

gorra
čepice

percha
ramínko

sombrero
klobouk

corbata
kravata

cierre
zip

casco
helma

tiradores
kšandy

uniforme escolar
školní uniforma

uniforme
uniforma

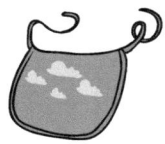

babero

bryndák

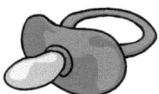

chupete

dudlík

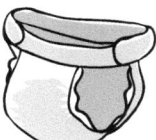

pañal

plena

oficina
kancelář

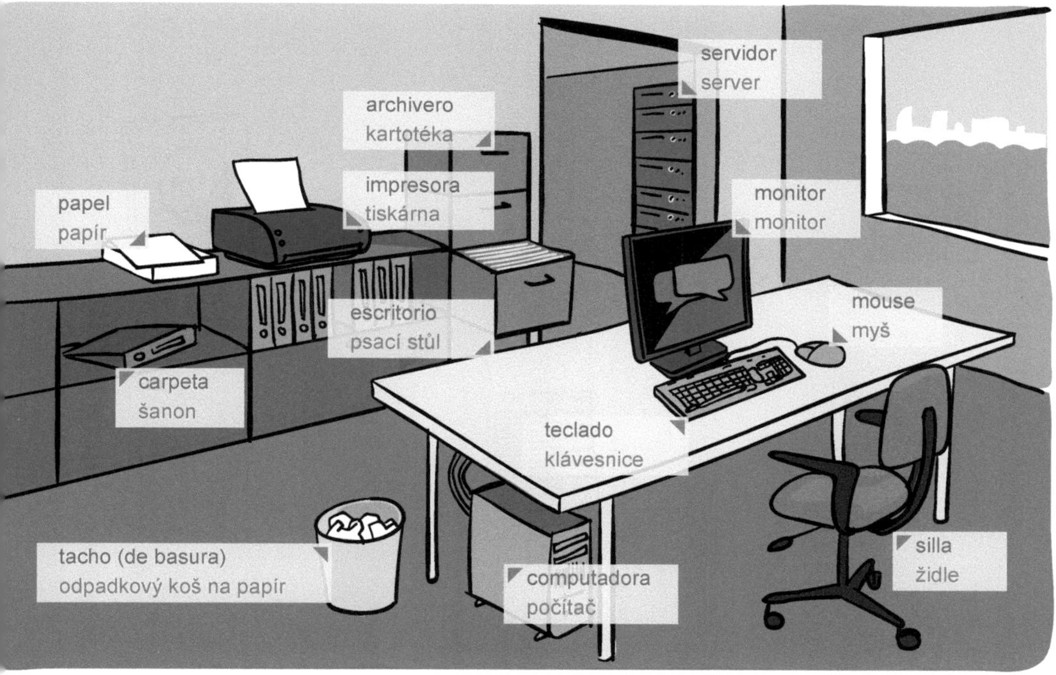
servidor
server
archivero
kartotéka
impresora
tiskárna
papel
papír
monitor
monitor
mouse
myš
escritorio
psací stůl
carpeta
šanon
teclado
klávesnice
tacho (de basura)
odpadkový koš na papír
computadora
počítač
silla
židle

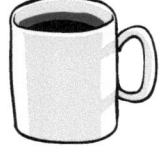

taza de café

hrnek na kávu

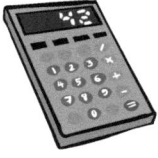

calculadora

kalkulačka

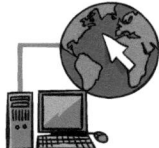

internet

internet

laptop
notebook

carta
dopis

mensaje
zpráva

celular
mobil

red
síť

fotocopiadora
kopírka

software
software

teléfono
telefon

tomacorriente
zásuvka

fax
fax

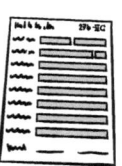

formulario
formulář

documento
dokument

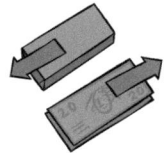

comprar

nakupovat

pagar

zaplatit

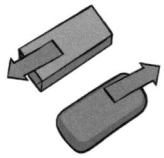

hacer negocios

jednat

dinero

peníze

USD

dólar

dolar

EUR

euro

euro

JPY

yen

jen

RUB

rublo

rubl

CHF

franco suizo

frank

CNY

yuan

juan

INR

rupia

rupie

cajero automático

bankomat

casa de cambio

směnárna

oro

zlato

plata

stříbro

petróleo

olej

energía

energie

precio

cena

contrato

smlouva

impuesto

daň

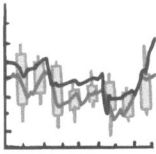

acción

akcie

trabajar

pracovat

empleado

zaměstnanec

empleador

zaměstnavatel

fábrica

továrna

negocio

obchod

policía
policista

bombero
hasič

cocinero
kuchař

médico
lékař

piloto
pilot

jardinero

zahradník

carpintero

truhlář

modista

švadlena

juez

soudce

farmacéutico

chemik

actor

herec

colectivero

řidič autobusu

taxista

řidič taxi

pescador

rybář

mucama

uklízečka

techista

pokrývač

mozo

číšník

cazador

myslivec

pintor

malíř

panadero

pekař

electricista

elektrikář

albañil

stavební dělník

ingeniero

inženýr

carnicero

řezník

plomero

klempíř

cartero

listonoš

soldado
voják

arquitecto
architekt

cajero
pokladní

florista
florista

peluquero
kadeřník

cobrador
průvodčí

mecánico
mechanik

capitán
kapitán

dentista
zubař

científico
vědec

rabino
rabín

imán
imám

monje
mnich

sacerdote
duchovní

herramientas
nářadí

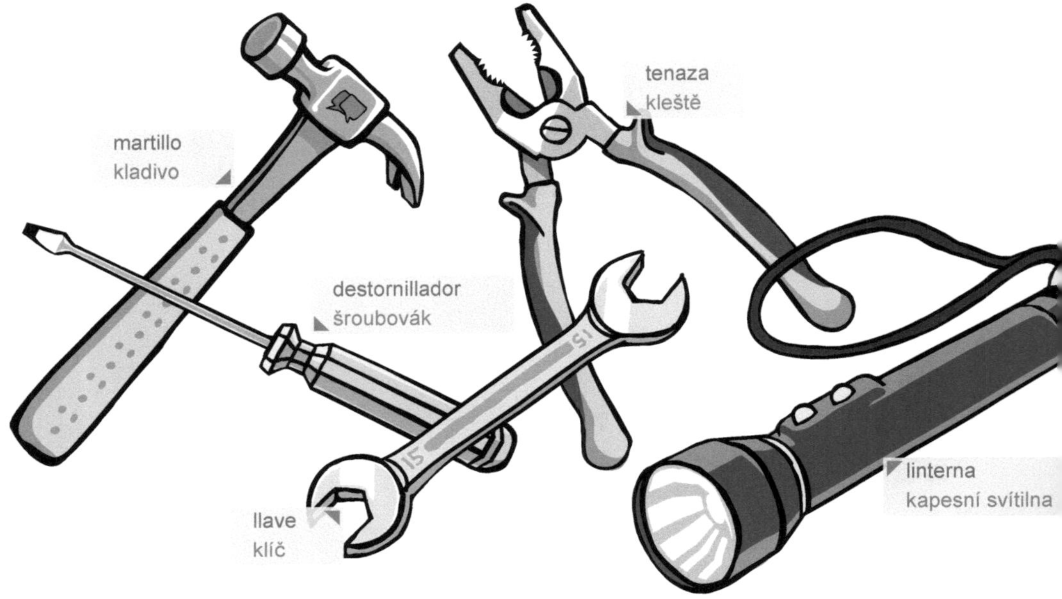
martillo
kladivo
tenaza
kleště
destornillador
šroubovák
llave
klíč
linterna
kapesní svítilna

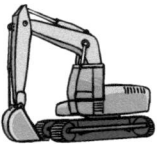

excavadora

bagr

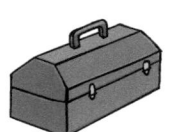

caja de herramientas

skříň na nářadí

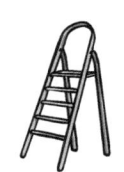

escalera portátil

žebřík

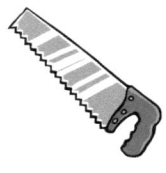

sierra

pila

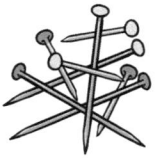

clavos

hřebíky

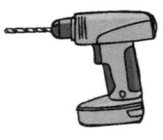

taladro

vrtačka

arreglar

opravit

pala de jardín

lopata

¡Qué bronca!

Kurva!

pala de plástico

lopatka

tacho de pintura

vědroé na barvu

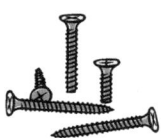

tornillos

šrouby

instrumentos musicales
hudební nástroje

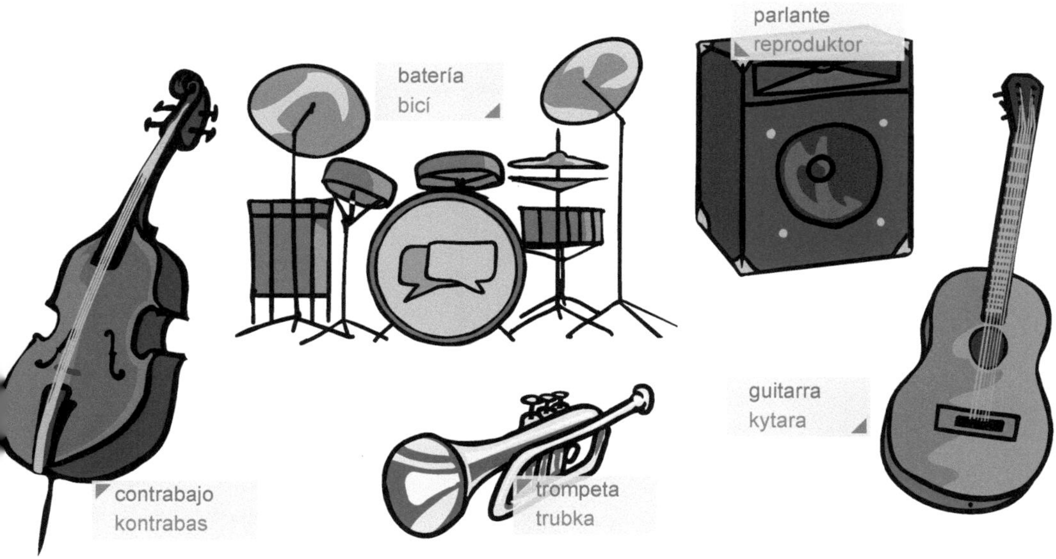

parlante
reproduktor

batería
bicí

guitarra
kytara

contrabajo
kontrabas

trompeta
trubka

piano

klavír

violín

housle

bajo

basa

timbales

tympán

tambor

bubny

teclado

keyboard

saxofón

saxofon

flauta

flétna

micrófono

mikrofon

zoológico

zoo

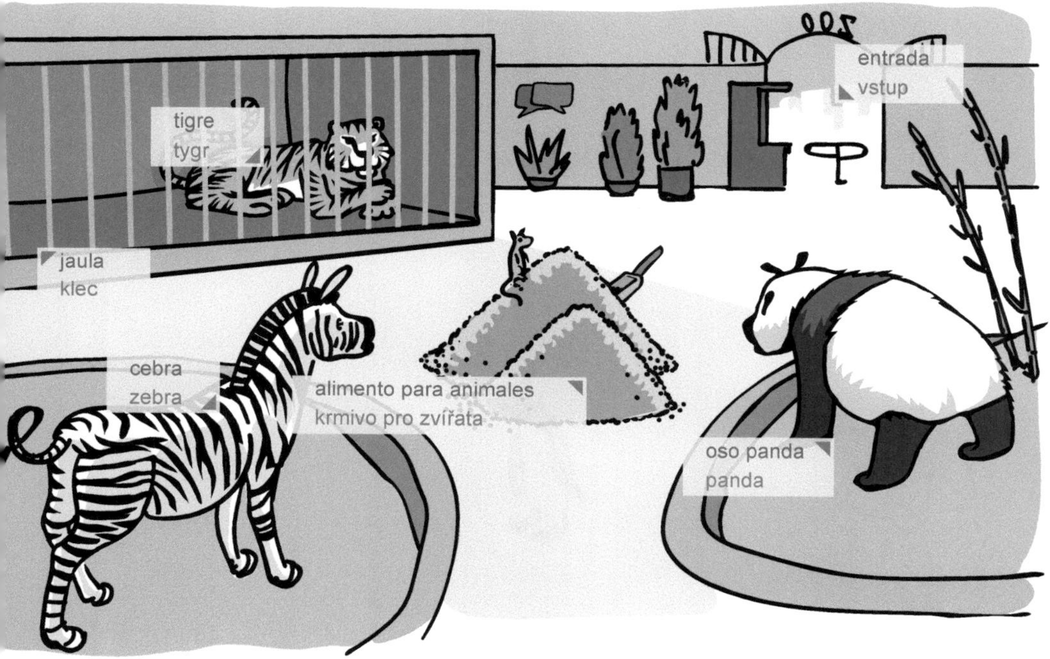
tigre
tygr
jaula
klec
entrada
vstup
cebra
zebra
alimento para animales
krmivo pro zvířata
oso panda
panda

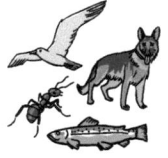

animales

zvířata

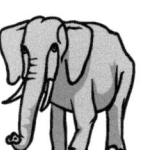

elefante

slon

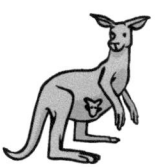

canguro

klokan

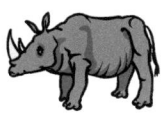

rinoceronte

nosorožec

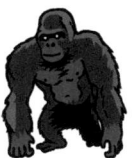

gorila

gorila

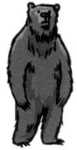

oso

medvěd

camello

velbloud

avestruz

pštros

león

lev

mono

opice

flamenco

plameňák

loro

papoušek

oso polar

lední medvěd

pingüino

tučňák

tiburón

žralok

pavo real

páv

serpiente

had

cocodrilo

krokodýl

cuidador del zoológico

ošetřovatel zvířat

foca

tuleň

jaguar

jaguár

poni

poník

leopardo

leopard

hipopótamo

hroch

jirafa

žirafa

águila

orel

jabalí

divoké prase

pescado

ryby

tortuga

želva

morsa

mrož

zorro

liška

gacela

gazela

fútbol americano
americký fotbal

ciclismo
cyklistika

tenis
tenis

básquet
košíková

natación
plavání

hockey sobre hielo
lední hokej

boxeo
box

fútbol
kopaná

bádminton
badminton

atletismo
lehká atletika

handball
házená

esquí
běh na lyžích

polo
vodní pólo

saltar
skočit

reír
smát se

abrazar
objímat

cantar
zpívat

caminar
jít

rezar
modlit se

besar
políbit

soñar
snít

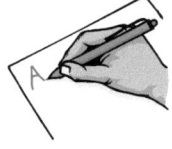

escribir
psát

dibujar
kreslit

mostrar
ukazovat

presionar
tlačit

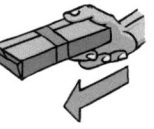

dar
dát

tomar
vzít si

tener

mít

hacer

dělat

ser

být

estar parado

stát

correr

běhat

tirar

táhnout

tirar

hodit

caer

padat

estar acostado

ležet

esperar

čekat

llevar

nosit

estar sentado

sedět

vestirse

oblékat

dormir

spát

despertar

vzbudit se

mirar

prohlédnout si

llorar

plakat

acariciar

pohladit

peinar

česat

hablar

hovořit

entender

rozumět

preguntar

ptát se

escuchar

slyšet

beber

pít

comer

jíst

ordenar

uklidit

amar

milovat

cocinar

vařit

manejar

jet

volar

letět

navegar

plachtit

calcular

počítat

leer

číst

aprender

učit se

trabajar

pracovat

casarse

vzít si

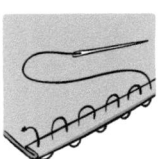

coser

šít

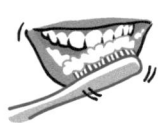

cepillarse los dientes

čistit si zuby

matar

zabít

fumar

kouřit

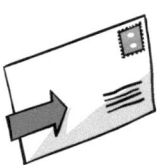

enviar

poslat

abuela
babička

abuelo
dědeček

padre
otec

madre
matka

bebé
dítě

hija
dcera

hijo
syn

invitado
host

tía
teta

tío
strýc

hermano
bratr

hermana
sestra

cuerpo
tělo

frente
čelo
ojo
oko
hombro
rameno
dedo
prst
cara
obličej
pera
brada
mano
ruka
pierna
dolní končetina
pecho
hruď
brazo
paže

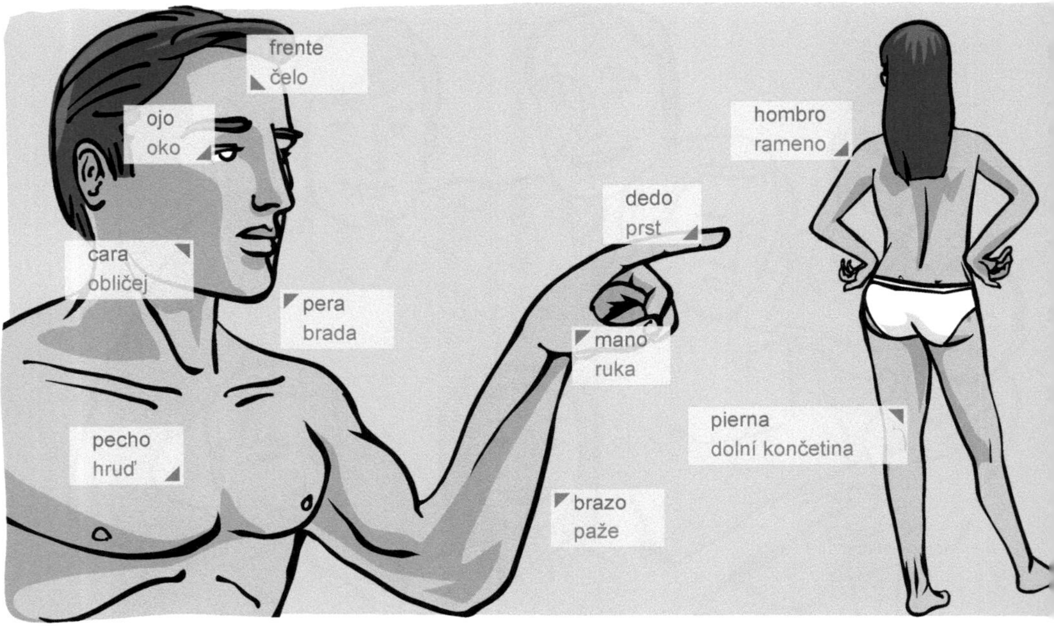

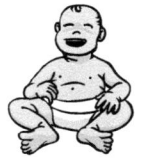

bebé

dítě

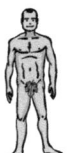

hombre

muž

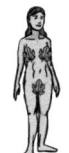

mujer

žena

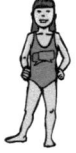

nena

dívka

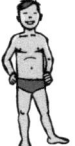

nene

chlapec

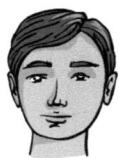

cabeza

hlava

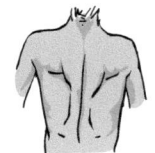

espalda

záda

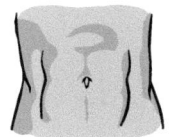

panza

břicho

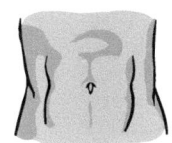

ombligo

pupík

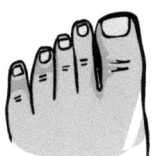

dedo del pie

prst na noze

talón

pata

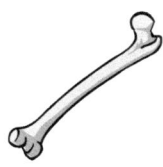

hueso

kost

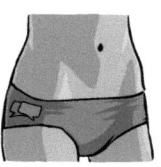

cadera

bok

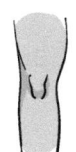

rodilla

koleno

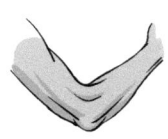

codo

loket

nariz

nos

cola

zadek

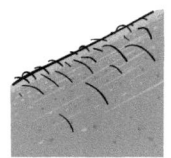

piel

kůže

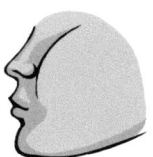

cachete

tvář

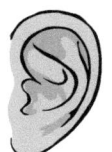

oreja

ucho

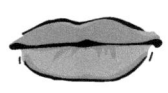

labio

ret

boca

ústa

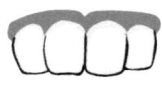

diente

zub

lengua

jazyk

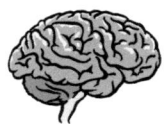

cerebro

mozek

corazón

srdce

músculo

sval

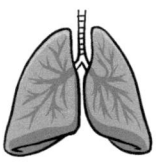

pulmón

plíce

hígado

játra

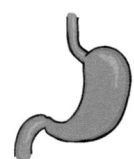

estómago

žaludek

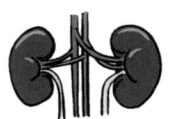

riñones

ledviny

sexo

pohlavní styk

preservativo

kondom

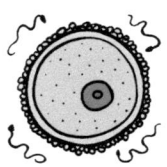

óvulo

vajíčko

semen

sperma

embarazo

těhotenství

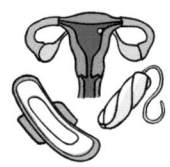

menstruación

menstruace

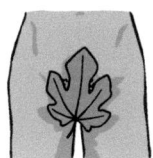

vagina

vagina

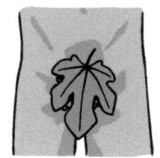

pene

penis

ceja

obočí

pelo

vlasy

cuello

krk

hospital
nemocnice

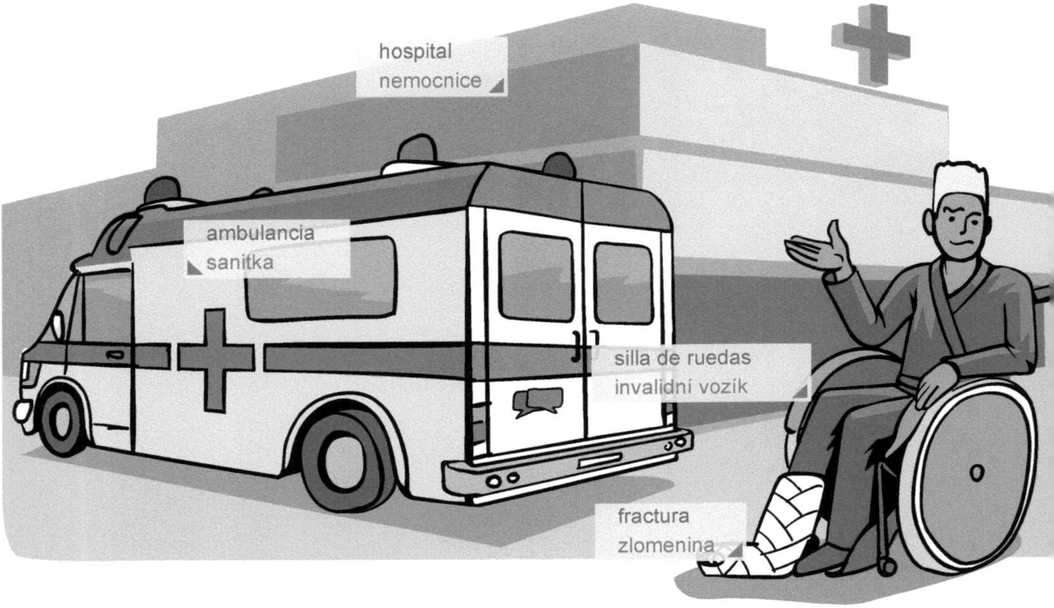

hospital
nemocnice
ambulancia
sanitka
silla de ruedas
invalidní vozík
fractura
zlomenina

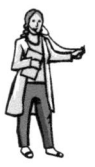

médico

lékař

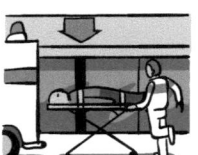

sala de guardia

pohotovost

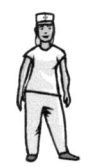

enfermera

zdravotní sestra

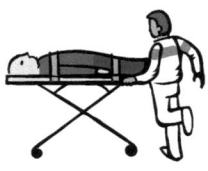

emergencia

urgentní případ

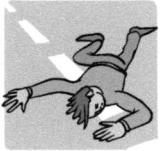

inconsciente

v bezvědomí

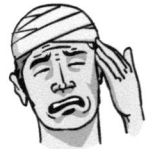

dolor

bolest

lesión
úraz

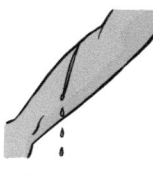

hemorragia
krvácení

infarto
infarkt myokardu

ACV
cévní mozková příhoda

alergia
alergie

tos
kašel

fiebre
horečka

gripe
chřipka

diarrea
průjem

dolor de cabeza
bolest hlavy

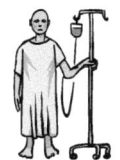

cáncer
rakovina

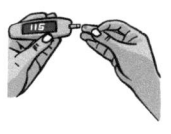

diabetes
cukrovka

cirujano
chirurg

bisturí
skalpel

operación
operace

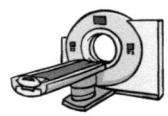

TC
CT

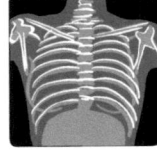

rayos x
rentgen

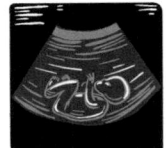

ecografía
ultrazvuk

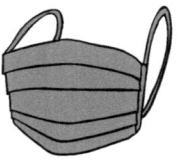

barbijo
maska

enfermedad
nemoc

sala de espera
čekárna

muleta
berle

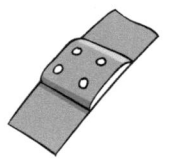

curita
náplast

venda
obvaz

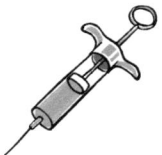

inyección
injekce

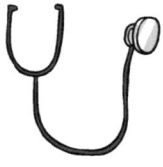

estetoscopio
stetoskop

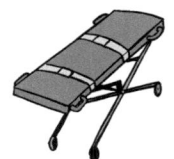

camilla
nosítka

termómetro
teploměr

nacimiento
porod

sobrepeso
nadváha

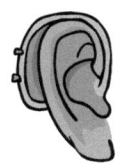

audífono

naslouchátko

desinfectante

dezinfekční prostředek

infección

infekce

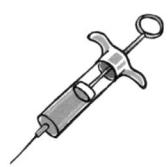

virus

virus

VIH / SIDA

HIV / AIDS

remedio

lékařství

vacunación

očkování

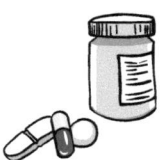

comprimidos

tablety

pastilla anticonceptiva

pilulka

llamada de emergencia

tísňové volání

tensiómetro

tonometr

enfermo / sano

nemocný / zdravý

¡Ayuda! Pomoc!	 alarma poplach	 agresión přepadení
 ataque napadení	 peligro nebezpečí	 salida de emergencia nouzový východ
¡Fuego! Hoří!	 matafuego hasicí přístroj	 accidente nehoda
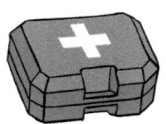 botiquín de primeros auxilios zdravotnická brašna	 SOS SOS	 policía policie

Europa

Evropa

América del Norte

Severní Amerika

América del Sur

Jižní Amerika

África

Afrika

Asia

Asie

Australia

Austrálie

Atlántico

Atlantik

Pacífico

Pacifik

Océano Índico

Indický oceán

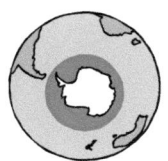

Océano Antártico

Jižní ledový oceán

Océano Ártico

Severní ledový oceán

polo norte

severní pól

polo sur

jižní pól

Antártida

Antarktida

Tierra

země

tierra

pevnina

mar

moře

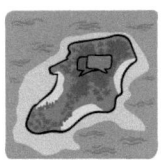

isla

ostrov

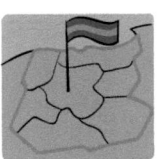

nación

národ

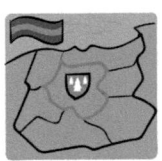

estado

stát

esfera
ciferník

manecilla de las horas
hodinová ručička

minutero
minutová ručička

segundero
vteřinová ručička

¿Qué hora es?
Kolik je hodin?

día
den

hora
čas

ahora
teď

reloj digital
digitální hodinky

minuto
minuta

hora
hodina

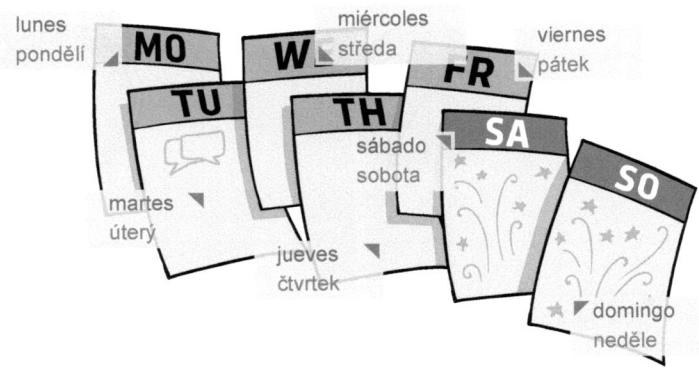

lunes — pondělí · miércoles — středa · viernes — pátek · martes — úterý · jueves — čtvrtek · sábado — sobota · domingo — neděle

ayer
včera

hoy
dnes

mañana
zítra

mañana
ráno

mediodía
poledne

tarde
večer

días hábiles
pracovní dny

fin de semana
víkend

año
rok

lluvia
déšť
arco iris
duha
nieve
sníh
viento
vítr
primavera
jaro
otoño
podzim
verano
léto
invierno
zima

4.APRIL 11°
5.APRIL 4°
6.APRIL 13°
7.APRIL 8°
8.APRIL 10°

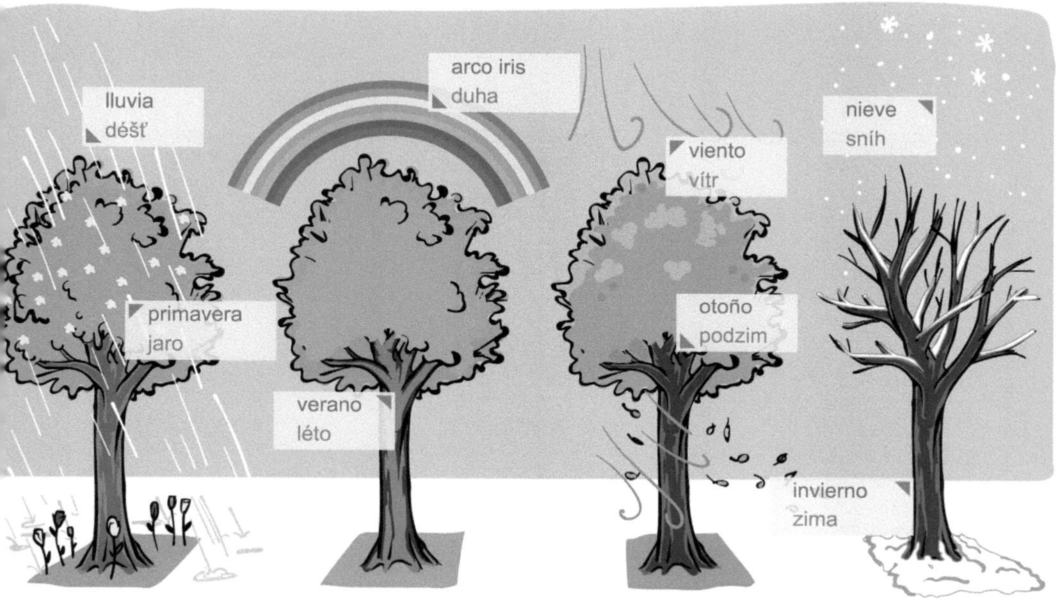

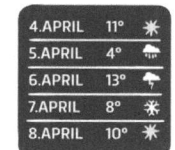

pronóstico meteorológico

předpověď počasí

F C
120 40
90 30
60 20
30 10
0 0
-30 -10
-20

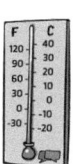

termómetro

teploměr

luz del sol

sluneční svit

nube

mrak

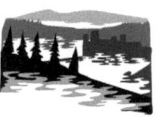

niebla

mlha

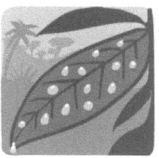

humedad

vlhkost

rayo

blesk

trueno

hrom

tormenta

bouřka

granizo

kroupy

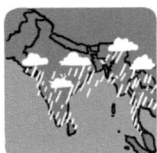

monzón

monzun

inundación

povodeň

hielo

led

enero

leden

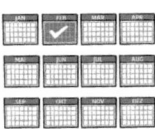

febrero

únor

marzo

březen

abril

duben

mayo

květen

junio

červen

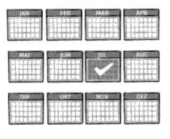

julio

červenec

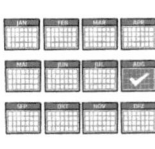

agosto

srpen

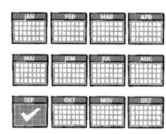

septiembre
....
září

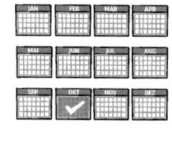

octubre
....
říjen

noviembre
....
listopad

diciembre
....
prosinec

formas
tvary

círculo
....
kruh

cuadrado
....
čtverec

rectángulo
....
obdélník

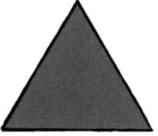

triángulo
....
trojúhelník

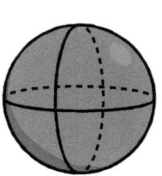

esfera
....
koule

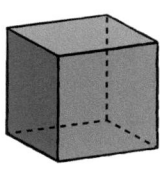

cubo
....
krychle

colores
barvy

blanco
....
bílá

amarillo
....
žlutá

naranja
....
oranžová

rosa
....
růžová

rojo
....
červená

violeta
....
fialová

azul
....
modrá

verde
....
zelená

marrón
....
hnědá

gris
....
šedá

negro
....
černá

mucho / poco

hodně / málo

enojado / tranquilo

rozzuřený / mírumilovný

lindo / feo

krásný / ošklivý

principio / fin

začátek / konec

grande / chico

velký / malý

claro / oscuro

světlý / tmavý

hermano / hermana

bratr / sestra

limpio / sucio

čistý / špinavý

completo / incompleto

úplný / neúplný

día / noche

den / noc

muerto / vivo

mrtvý / živý

ancho / angosto

široký / úzký

comestible / no comestible

jedlý / nejedlý

malo / amable

zlý / hodný

entusiasmado / aburrido

vzrušený / znuděný

gordo / flaco

tlustý / hubený

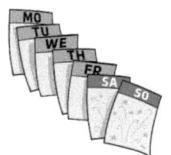

primero / último

nejdříve / naposledy

amigo / enemigo

přítel / nepřítel

lleno / vacío

plný / prázdný

duro / blando

tvrdý / měkký

pesado / liviano

těžký / lehký

hambre / sed

hlad / žízeň

enfermo / sano

nemocný / zdravý

ilegal / legal

ilegální / legální

inteligente / estúpido

inteligentní / hloupý

izquierda / derecha

vlevo / vpravo

cerca / lejos

blízko / daleko

nuevo / usado

nový / použitý

nada / algo

nic / něco

viejo / joven

starý / mladý

encendido / apagado

zapnutý / vypnutý

abierto / cerrado

otevřeno / zavřeno

silencioso / ruidoso

tichý / hlasitý

rico / pobre

bohatý / chudý

correcto / incorrecto

správný / špatný

áspero / suave

drsný / hladký

triste / contento

smutný / šťastný

corto / largo

krátký / dlouhý

lento / rápido

pomalý / rychlý

mojado / seco

vlhký / suchý

caliente / frío

teplý / chladný

guerra / paz

válka / mír

opuestos - protiklady

0

cero

nula

1

uno

jedna

2

dos

dva

3

tres

tři

4

cuatro

čtyři

5

cinco

pět

6

seis

šest

7

siete

sedm

8

ocho

osm

9

nueve

devět

10

diez

deset

11

once

jedenáct

12

doce

dvanáct

13

trece

třináct

14

catorce

čtrnáct

15

quince

patnáct

16

dieciséis

šestnáct

17

diecisiete

sedmnáct

18

dieciocho

osmnáct

19

diecinueve

devatenáct

20

veinte

dvacet

100

cien

sto

1.000

mil

tisíc

1.000.000

millón

milion

jazyky

inglés
....
angličtina

inglés americano
....
americká angličtina

chino mandarín
....
standardní čínština

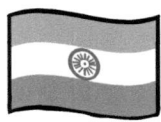

hindi
....
hindština

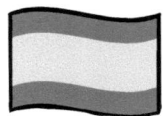

español
....
španělština

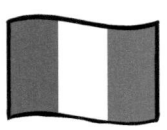

francés
....
francouzština

árabe
....
arabština

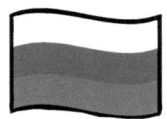

ruso
....
ruština

portugués
....
portugalština

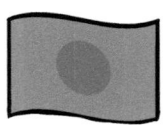

bengalí
....
bengálština

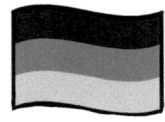

alemán
....
němčina

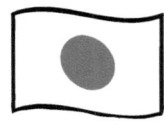

japonés
....
japonština

yo

já

vos

ty

él / ella

on / ona / ono

nosotros

my

ustedes

vy

ellos

oni

¿quién?

Kdo?

¿qué?

Co?

¿cómo?

Jak?

¿dónde?

Kde?

¿cuándo?

Kdy?

nombre

jméno

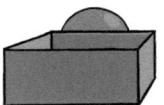

detrás

za

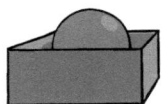

en

do

adelante de

z

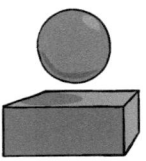

por encima de

nad

sobre

na

debajo de

mezi

al lado de

vedle

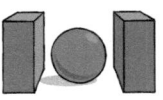

entre

mezi

lugar

místo